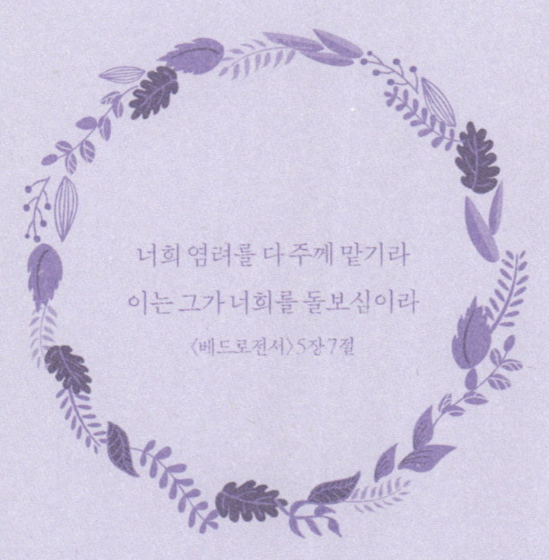

_____________ 님을 위하여

기도하며 이 책을 드립니다.

My
Prayers Book

나를 바로 세우는 능력, 기도

Date

2018 / 3 / 1

쉬지 말고 기도하라 범사에 감사하라
이것이 그리스도 예수 안에서 너희를 향하신
하나님의 뜻이니라
_데살로니가전서 5장 17, 18절

My Prayers

1. 아들이 새로 입학하는 유치원에서 좋은 친구들과
   선생님을 만나게 해주세요. 엄마와 떨어지는 것을 힘들어하는
   아이인데 즐겁게 유치원 다닐 수 있도록 도와주세요.

2. 엄마가 귀가 잘 안 들리셔서 수술을 앞두고 있습니다.
   그동안 여러 차례의 다른 수술로 몸이 약해져 있는데,
   수술 잘 이겨낼 수 있도록 힘을 주시고,
   치유의 능력을 주세요.

3. 내일 새벽기도에 갈 수 있도록 오늘 잘 자고,
   일찍 일어나게 도와주세요.
   그동안 하나님을 멀리하고 게으르게 산 저를 회개하며
   열심히 기도하겠습니다.

My Thanks

1. 오늘도 기도할 수 있어서 감사합니다.

2. 아프지 않고 활기차게 하루를 보낸 것에 감사합니다.

3. 맛있는 저녁을 먹게 해주신 것에 감사합니다.

너희가 기도할 때에 무엇이든지 믿고 구하는 것은
다 받으리라 하시니라
〈마태복음〉 21 장 22절

My Prayers

1. 하루를 마치는 기도
오늘 하루 무사히 마치고 따뜻한 잠자리에 들 수 있게 하심을
감사드립니다.

2. 용서를 위한 기도
직장 상사에 대한 불만으로, 하루 종일 그를 미워하고 탓했습니다.
제 마음을 넉넉하게 하시어 나와 다른 생각도 받아들일 줄
알게 하시고, 상처와 분노로 사람들을 대하지 않게 해주세요.

3. 자신을 위한 기도
하나님의 모든 자비하심이 구현되어 모든 삶에
선한 영향력을 끼칠 수 있는 제가 되게 해주세요.

My Thanks

1. 푹 자고 일어나게 하신 것 감사합니다.
2. 회사에 중요한 프로젝트를 무사히 잘 끝낼 수 있게 하심을
감사합니다.
3. 가족들과 맛있는 저녁 식사를 함께할 수 있음에 감사합니다.

주일예배
대표기도문

사랑과 은혜가 충만하신 하나님 아버지,

오늘도 거룩한 주일을 맞이하여 하나님 앞에 나와 찬양과 예배로 영광 돌리게 하시니 감사드립니다. 지난 한 주간도 세상 가운데 주의 영광을 드러내기보다는 자신의 욕심을 내세우고, 주의 말씀 따라 살지 못하고, 인간의 보잘 것 없는 생각대로 살았음을 고백합니다. 연약하고 부족한 우리를 용서하여 주옵시고, 주가 주신 권능으로 채워가며 세상을 향해 십자가를 증거하는 복된 삶이 되게 하소서.

나라를 위해 기도합니다. 우리나라를 축복하시고, 나라를 이끌어가는 위정자들을 인도하여 주옵소서. 그들에게 의와 진리를 깨닫게 하시며 지혜와 분별력을 주셔서 정사를 올바로 이끌게 하시옵소서. 또한 이 백성들의 모든 형편과 처지를 돌보시고, 저희들 가운데 속히 주님의 사랑과 평화가 넘치는 나라가 임할 수 있는 놀라운 축복을 허락해주세요.

특별히 저희 교회를 위하여 기도합니다. 우리 ○○교회 성도들을 기억하여 주옵시고, 오직 말씀과 기도로 드려지는 온전한 삶이 되기를 소망합니다.

아픔과 슬픔이 있는 성도들에게는 하나님께서 어루만져주시어 새 힘과 용기를 주옵소서. 가정의 여러 문제와 경제적인 문제로 간구하는 기도를 주께서 들어주시고 친히 응답해 주시옵기를 바라고 원합니다.

오늘 말씀을 전하는 목사님에게 영육간의 강건함을 허락하시어, 놀라운 능력의 말씀을 증거하실 수 있도록 함께 하시옵소서. 선포하는 말씀을 통해 성도들이 주님을 만나고, 삶 속에서 적용하게 하옵소서. 또한 주님이 예비하신 은혜를 넘치도록 부어주시는 축복의 시간이 되게 하시옵소서.

은혜로운 찬양으로 주님께 영광 돌리는 찬양대의 귀한 찬양을 기쁘게 받으시고, 예배와 교회를 위해 곳곳에서 수고하는 모든 성도들에게 주님의 축복과 은혜를 풍성하게 내려주시기를 원합니다.

늘 감사드리며 이 모든 말씀을 우리 주 예수님 이름으로 기도드립니다.

아멘

나의 기도 제목

1

2

3

4

5

가족과 이웃을 위한 기도 제목

분류	이름	기도 제목
가족		
친구		

Date

/   /

너희가 기도할 때에 무엇이든지 믿고 구하는 것은
다 받으리라 하시니라
〈마태복음〉 21장 22절

My Prayers

My Thanks

너희가 기도할 때에 무엇이든지 믿고 구하는 것은
다 받으리라 하시니라
〈마태복음〉 21장 22절

Date

/   /

너희가 내 이름으로 무엇을 구하든지 내가 행하리니
이는 아버지로 하여금 아들로 말미암아
영광을 받으시게 하려 함이라 내 이름으로
무엇이든지 내게 구하면 행하리라
_〈요한복음〉 14장 13, 14절

My Prayers

My Thanks

너희가 내 이름으로 무엇을 구하든지 내가 행하리니
이는 아버지로 하여금 아들로 말미암아
영광을 받으시게 하려 함이라 내 이름으로
무엇이든지 내게 구하면 행하리라
_〈요한복음〉 14장 13, 14절

Date

/   /

My Prayers

My Thanks

내가 여호와께 간구하매 내게 응답하시고
내 모든 두려움에서 나를 건지셨도다
_〈시편〉 34편 4절

환난 날에 나를 부르라 내가 너를 건지리니
네가 나를 영화롭게 하리로다
_〈시편〉50편 15절

My Prayers

My Thanks

환난 날에 나를 부르라 내가 너를 건지리니
네가 나를 영화롭게 하리로다
_〈시편〉50편 15절

Date

/   /

My Prayers

My Thanks

Date

/   /

My Prayers

My Thanks

지금까지는 너희가 내 이름으로
아무 것도 구하지 아니하였으나 구하라
그리하면 받으리니 너희 기쁨이 충만하리라
_〈요한복음〉16장 24절

Date

/   /

모든 기도와 간구를 하되 항상 성령 안에서 기도하고
이를 위하여 깨어 구하기를 항상 힘쓰며
여러 성도를 위하여 구하라
_〈에베소서〉6장 18절

My Prayers

My Thanks

모든 기도와 간구를 하되 항상 성령 안에서 기도하고
이를 위하여 깨어 구하기를 항상 힘쓰며
여러 성도를 위하여 구하라
_〈에베소서〉6장 18절

Date

/   /

그를 향하여 우리가 가진 바 담대함이 이것이니
그의 뜻대로 무엇을 구하면 들으심이라
_〈요한1서〉5장 14절

My Prayers

My Thanks

그를 향하여 우리가 가진 바 담대함이 이것이니
그의 뜻대로 무엇을 구하면 들으심이라
_〈요한1서〉5장 14절

우리가 무엇이든지 구하는 바를 들으시는 줄을 안즉
우리가 그에게 구한 그것을 얻은 줄을 또한 아느니라
_〈요한1서〉5장 15절

Date

/   /

내가 나의 마음에 죄악을 품었더라면
주께서 듣지 아니하시리라
_〈시편〉66편 18절

My Prayers

My Thanks

내가 나의 마음에 죄악을 품었더라면
주께서 듣지 아니하시리라
_〈시편〉66편 18절

Date

/   /

무엇이든지 구하는 바를 그에게서 받나니
이는 우리가 그의 계명을 지키고
그 앞에서 기뻐하시는 것을 행함이라
〈요한1서〉 3장 22절

My Prayers

My Thanks

만일 내게로 돌아와 내 계명을 지켜 행하면
너희 쫓긴 자가 하늘 끝에 있을지라도
내가 거기서부터 그들을 모아 내 이름을 두려고
택한 곳에 돌아오게 하리라 하신 말씀을
이제 청하건대 기억하옵소서 _〈느헤미야〉 1장 9절

My Prayers

My Thanks

다니엘이 이 조서에 왕의 도장이 찍힌 것을 알고도
자기 집에 돌아가서는 윗방에 올라가 예루살렘으로 향한
창문을 열고 전에 하던 대로 하루 세 번씩 무릎을
꿇고 기도하며 그의 하나님께 감사하였더라
_〈다니엘〉6장 10절

My Prayers

My Thanks

다니엘이 이 조서에 왕의 도장이 찍힌 것을 알고도
자기 집에 돌아가서는 윗방에 올라가 예루살렘으로 향한
창문을 열고 전에 하던 대로 하루 세 번씩 무릎을
꿇고 기도하며 그의 하나님께 감사하였더라

Date

/ /

예수의 소문이 더욱 퍼지매 수많은 무리가
말씀도 듣고 자기 병도 고침을 받고자 하여 모여 오되
예수는 물러가사 한적한 곳에서 기도하시니라
_〈누가복음〉5장 15, 16절

My Prayers

My Thanks

예수의 소문이 더욱 퍼지매 수많은 무리가
말씀도 듣고 자기 병도 고침을 받고자 하여 모여 오되
예수는 물러가사 한적한 곳에서 기도하시니라
_〈누가복음〉5장 15, 16절

Date

/   /

My Prayers

My Thanks

엘리야는 우리와 성정이 같은 사람이로되 그가
비가 오지 않기를 간절히 기도한즉 삼 년 육 개월 동안
땅에 비가 오지 아니하고 다시 기도하니
하늘이 비를 주고 땅이 열매를 맺었느니라
_〈야고보서〉5장 17, 18절

My Prayers

My Thanks

엘리야는 우리와 성정이 같은 사람이로되 그가
비가 오지 않기를 간절히 기도한즉 삼 년 육 개월 동안
땅에 비가 오지 아니하고 다시 기도하니
하늘이 비를 주고 땅이 열매를 맺었느니라
_〈야고보서〉5장 17, 18절

Date

/   /

한밤중에 바울과 실라가 기도하고
하나님을 찬송하며 죄수들이 듣더라
_〈사도행전〉 16장 25절

My Prayers

My Thanks

한밤중에 바울과 실라가 기도하고
하나님을 찬송하며 죄수들이 듣더라
_〈사도행전〉 16장 25절

Date

/   /

너는 내게 부르짖으라 내가 네게 응답하겠고
네가 알지 못하는 크고 은밀한 일을 네게 보이리라
_〈예레미야〉 33장 3절

My Prayers

My Thanks

너는 내게 부르짖으라 내가 네게 응답하겠고
네가 알지 못하는 크고 은밀한 일을 네게 보이리라
_〈예레미야〉 33장 3절

Date

/   /

이와 같이 성령도 우리의 연약함을 도우시나니
우리는 마땅히 기도할 바를 알지 못하나
오직 성령이 말할 수 없는 탄식으로 우리를 위하여
친히 간구하시느니라
_〈로마서〉8장 26절

My Prayers

My Thanks

Date

/   /

여호와의 말씀이니라 너희를 향한 나의 생각을
내가 아나니 평안이요 재앙이 아니니라
너희에게 미래와 희망을 주는 것이니라
_〈예레미야〉 29장 11절

My Prayers

My Thanks

여호와의 말씀이니라 너희를 향한 나의 생각을
내가 아나니 평안이요 재앙이 아니니라
너희에게 미래와 희망을 주는 것이니라

너희가 내게 부르짖으며 내게 와서 기도하면
내가 너희들의 기도를 들을 것이요 너희가 온 마음으로
나를 구하면 나를 찾을 것이요 나를 만나리라
_〈예레미야〉29장 12, 13절

My Prayers

My Thanks

너희가 내게 부르짖으며 내게 와서 기도하면
내가 너희들의 기도를 들을 것이요 너희가 온 마음으로
나를 구하면 나를 찾을 것이요 나를 만나리라

Date

/   /

아무 것도 염려하지 말고 다만 모든 일에 기도와 간구로,
너희 구할 것을 감사함으로 하나님께 아뢰라
그리하면 모든 지각에 뛰어난 하나님의 평강이
그리스도 예수 안에서 너희 마음과 생각을 지키시리라
_〈빌립보서〉4장 6, 7절

My Prayers

My Thanks

아무 것도 염려하지 말고 다만 모든 일에 기도와 간구로,
너희 구할 것을 감사함으로 하나님께 아뢰라
그리하면 모든 지각에 뛰어난 하나님의 평강이
그리스도 예수 안에서 너희 마음과 생각을 지키시리라

Date

/   /

너희가 내 안에 거하고 내 말이 너희 안에 거하면
무엇이든지 원하는 대로 구하라 그리하면 이루리라
_〈요한복음〉15장 7절

My Prayers

My Thanks

진실로 다시 너희에게 이르노니 너희 중의 두 사람이
땅에서 합심하여 무엇이든지 구하면 하늘에 계신
내 아버지께서 그들을 위하여 이루게 하시리라
_〈마태복음〉 18장 19절

My Prayers

My Thanks

진실로 다시 너희에게 이르노니 너희 중의 두 사람이
땅에서 합심하여 무엇이든지 구하면 하늘에 계신
내 아버지께서 그들을 위하여 이루게 하시리라

Date

/   /

구하라 그리하면 너희에게 주실 것이요 찾으라
그리하면 찾아낼 것이요 문을 두드리라 그리하면
너희에게 열릴 것이니
_〈마태복음〉7장 7절

My Prayers

My Thanks

구하는 이마다 받을 것이요 찾는 이는 찾아낼 것이요
두드리는 이에게는 열릴 것이니라
_〈마태복음〉7장8절

My Prayers

My Thanks

Date   /   /

My Prayers

My Thanks

Date

/   /

또한 우리를 위하여 기도하되 하나님이 전도할 문을
우리에게 열어 주사 그리스도의 비밀을 말하게 하시기를
구하라 내가 이 일 때문에 매임을 당하였노라
_〈골로새서〉 4장 3절

My Prayers

My Thanks

또한 우리를 위하여 기도하되 하나님이 전도할 문을
우리에게 열어 주사 그리스도의 비밀을 말하게 하시기를
구하라 내가 이 일 때문에 매임을 당하였노라

Date

/   /

My Prayers

My Thanks

My Prayers

My Thanks

눈물을 흘리며 씨를 뿌리는 자는 기쁨으로 거두리로다
_〈시편〉126편 5절

Date

/   /

My Prayers

My Thanks

눈물을 흘리며 씨를 뿌리는 자는 기쁨으로 거두리로다
_〈시편〉126편 5절

만물의 마지막이 가까이 왔으니
그러므로 너희는 정신을 차리고 근신하여 기도하라
_〈베드로전서〉4장 7절

My Prayers

My Thanks

만물의 마지막이 가까이 왔으니
그러므로 너희는 정신을 차리고 근신하여 기도하라
_〈베드로전서〉4장 7절

Date

/   /

여호와는 나의 목자시니 내게 부족함이 없으리로다
그가 나를 푸른 풀밭에 누이시며 쉴 만한 물 가로
인도하시는도다
_〈시편〉23편 1, 2절

My Prayers

My Thanks

여호와는 나의 목자시니 내게 부족함이 없으리로다
그가 나를 푸른 풀밭에 누이시며 쉴 만한 물 가로
인도하시는도다
_〈시편〉23편 1, 2절

여호와여 내가 주께 대한 소문을 듣고 놀랐나이다
여호와여 주는 주의 일을 이 수년 내에 부흥하게 하옵소서
이 수년 내에 나타내시옵소서 진노 중에라도
긍휼을 잊지 마옵소서
_〈하박국〉 3장 2절

My Prayers

My Thanks

여호와여 내가 주께 대한 소문을 듣고 놀랐나이다
여호와여 주는 주의 일을 이 수년 내에 부흥하게 하옵소서
이 수년 내에 나타내시옵소서 진노 중에라도
긍휼을 잊지 마옵소서
_〈하박국〉 3장 2절

Date

/   /

우리가 일어나 벧엘로 올라가자 내 환난 날에
내게 응답하시며 내가 가는 길에서 나와 함께 하신
하나님께 내가 거기서 제단을 쌓으려 하노라 하매
_〈창세기〉 35장 3절

My Prayers

My Thanks

너희는 이전 일을 기억하지 말며 옛날 일을 생각하지 말라
보라 내가 새 일을 행하리니 이제 나타낼 것이라
너희가 그것을 알지 못하겠느냐 반드시 내가 광야에
길을 사막에 강을 내리니
_〈이사야〉 43장 18, 19절

My Prayers

My Thanks

너희는 이전 일을 기억하지 말며 옛날 일을 생각하지 말라
보라 내가 새 일을 행하리니 이제 나타낼 것이라
너희가 그것을 알지 못하겠느냐 반드시 내가 광야에
길을 사막에 강을 내리니

Date

/   /

여호와를 경외하는 것이 지혜의 근본이요
거룩하신 자를 아는 것이 명철이니라
_〈잠언〉9장 10절

My Prayers

My Thanks

Date

/   /

내 이름으로 일컫는 내 백성이 그들의 악한 길에서 떠나
스스로 낮추고 기도하여 내 얼굴을 찾으면
내가 하늘에서 듣고 그들의 죄를 사하고
그들의 땅을 고칠지라
_〈역대하〉7장 14절

My Prayers

My Thanks

내 이름으로 일컫는 내 백성이 그들의 악한 길에서 떠나
스스로 낮추고 기도하여 내 얼굴을 찾으면
내가 하늘에서 듣고 그들의 죄를 사하고
그들의 땅을 고칠지라
_〈역대하〉7장 14절

이스라엘아 들으라 우리 하나님 여호와는
오직 유일한 여호와이시니 너는 마음을 다하고
뜻을 다하고 힘을 다하여 네 하나님 여호와를 사랑하라
_〈신명기〉6장 4, 5절

My Prayers

My Thanks

이스라엘아 들으라 우리 하나님 여호와는
오직 유일한 여호와이시니 너는 마음을 다하고
뜻을 다하고 힘을 다하여 네 하나님 여호와를 사랑하라
_〈신명기〉6장 4, 5절

Date

/   /

My Prayers

My Thanks

오직 여호와를 앙망하는 자는 새 힘을 얻으리니
독수리가 날개치며 올라감 같을 것이요 달음박질하여도
곤비하지 아니하겠고 걸어가도 피곤하지 아니하리로다
_〈이사야〉 40장 31절

My Prayers

My Thanks

오직 여호와를 앙망하는 자는 새 힘을 얻으리니
독수리가 날개치며 올라감 같을 것이요 달음박질하여도
곤비하지 아니하겠고 걸어가도 피곤하지 아니하리로다

Date

/   /

My Prayers

My Thanks

오직 성령이 너희에게 임하시면 너희가 권능을 받고
예루살렘과 온 유대와 사마리아와 땅 끝까지 이르러
내 증인이 되리라 하시니라
_〈사도행전〉1장 8절

My Prayers

My Thanks

Date

/   /

내가 복음을 부끄러워하지 아니하노니 이 복음은
모든 믿는 자에게 구원을 주시는 하나님의 능력이 됨이라
먼저는 유대인에게요 그리고 헬라인에게로다
_〈로마서〉1장 16절

My Prayers

My Thanks

Date

/   /

My Prayers

My Thanks

Date

/   /

My Prayers

My Thanks

Date

/   /

My Prayers

My Thanks

Date

/   /

My Prayers

My Thanks

Date

/ /

만일 우리가 우리 죄를 자백하면 그는 미쁘시고
의로우사 우리 죄를 사하시며 우리를 모든 불의에서
깨끗하게 하실 것이요
_〈요한1서〉1장9절

My Prayers

My Thanks

만일 우리가 우리 죄를 자백하면 그는 미쁘시고
의로우사 우리 죄를 사하시며 우리를 모든 불의에서
깨끗하게 하실 것이요
_〈요한1서〉1장9절

Date

/   /

My Prayers

My Thanks

너희는 그 은혜에 의하여 믿음으로 말미암아
구원을 받았으니 이것은 너희에게서 난 것이 아니요
하나님의 선물이라 행위에서 난 것이 아니니
이는 누구든지 자랑하지 못하게 함이라
_〈에베소서〉 2장 8, 9절

My Prayers

My Thanks

복음에는 하나님의 의가 나타나서 믿음으로
믿음에 이르게 하나니 기록된 바 오직 의인은
믿음으로 말미암아 살리라 함과 같으니라
_〈로마서〉1장 17절

My Prayers

My Thanks

복음에는 하나님의 의가 나타나서 믿음으로
믿음에 이르게 하나니 기록된 바 오직 의인은
믿음으로 말미암아 살리라 함과 같으니라
_〈로마서〉1장 17절

Date

/   /

그러므로 우리가 믿음으로 의롭다 하심을 받았으니
우리 주 예수 그리스도로 말미암아 하나님과
화평을 누리자
_〈로마서〉 5장 1절

My Prayers

My Thanks

그러므로 우리가 믿음으로 의롭다 하심을 받았으니
우리 주 예수 그리스도로 말미암아 하나님과
화평을 누리자
_〈로마서〉 5장 1절

그러므로 이제 그리스도 예수 안에 있는 자에게는
결코 정죄함이 없나니 이는 그리스도 예수 안에 있는
생명의 성령의 법이 죄와 사망의 법에서
너를 해방하였음이라
_〈로마서〉8장 1, 2절

My Prayers

My Thanks

그러므로 이제 그리스도 예수 안에 있는 자에게는
결코 정죄함이 없나니 이는 그리스도 예수 안에 있는
생명의 성령의 법이 죄와 사망의 법에서
너를 해방하였음이라
_〈로마서〉8장 1, 2절

무릇 하나님의 영으로 인도함을 받는 사람은
곧 하나님의 아들이라
_〈로마서〉8장 14절

My Prayers

My Thanks

무릇 하나님의 영으로 인도함을 받는 사람은
곧 하나님의 아들이라
_〈로마서〉8장 14절

너희는 다시 무서워하는 종의 영을 받지 아니하고
양자의 영을 받았으므로 우리가 아빠 아버지라고
부르짖느니라
_〈로마서〉8장 15절

My Prayers

My Thanks

너희는 다시 무서워하는 종의 영을 받지 아니하고
양자의 영을 받았으므로 우리가 아빠 아버지라고
부르짖느니라
_〈로마서〉8장 15절

생각하건대 현재의 고난은 장차 우리에게 나타날
영광과 비교할 수 없도다
_〈로마서〉8장 18절

My Prayers

My Thanks

My Prayers

My Thanks

그 기쁘신 뜻대로 우리를 예정하사 예수 그리스도로
말미암아 자기의 아들들이 되게 하셨으니 이는
그가 사랑하시는 자 안에서 우리에게 거저 주시는 바
그의 은혜의 영광을 찬송하게 하려는 것이라
_〈에베소서〉1장 5, 6절

Date

/   /

우리는 그리스도 안에서 그의 은혜의 풍성함을 따라
그의 피로 말미암아 속량 곧 죄 사함을 받았느니라
_〈에베소서〉 1장 7절

My Prayers

My Thanks

우리는 그리스도 안에서 그의 은혜의 풍성함을 따라
그의 피로 말미암아 속량 곧 죄 사함을 받았느니라
_〈에베소서〉 1장 7절

오직 너희를 부르신 거룩한 이처럼 너희도 모든 행실에
거룩한 자가 되라 기록되었으되 내가 거룩하니
너희도 거룩할지어다 하셨느니라

_〈베드로전서〉 1장 15, 16절

My Prayers

My Thanks

Date

/   /

너희는 유혹의 욕심을 따라 썩어져 가는 구습을 따르는
옛 사람을 벗어 버리고, 오직 너희의 심령이 새롭게 되어,
하나님을 따라 의와 진리의 거룩함으로 지으심을 받은
새 사람을 입으라
_〈에베소서〉4장 22-24절

My Prayers

My Thanks

너희는 유혹의 욕심을 따라 썩어져 가는 구습을 따르는
옛 사람을 벗어 버리고, 오직 너희의 심령이 새롭게 되어,
하나님을 따라 의와 진리의 거룩함으로 지으심을 받은
새 사람을 입으라
_〈에베소서〉4장 22-24절

Date

/   /

내가 그들에게 영생을 주노니 영원히 멸망하지
아니할 것이요 또 그들을 내 손에서 빼앗을 자가 없느니라
_〈요한복음〉 10장 28절

My Prayers

My Thanks

Date

/   /

My Prayers

My Thanks

Date

/   /

하나님이 세상을 이처럼 사랑하사
독생자를 주셨으니 이는 그를 믿는 자마다 멸망하지 않고
영생을 얻게 하려 하심이라
_〈요한복음〉3장 16절

My Prayers

My Thanks

하나님이 세상을 이처럼 사랑하사
독생자를 주셨으니 이는 그를 믿는 자마다 멸망하지 않고
영생을 얻게 하려 하심이라
_〈요한복음〉3장 16절

죄의 삯은 사망이요 하나님의 은사는
그리스도 예수 우리 주 안에 있는 영생이니라
_〈로마서〉6장 23절

My Prayers

My Thanks

죄의 삯은 사망이요 하나님의 은사는
그리스도 예수 우리 주 안에 있는 영생이니라
_〈로마서〉6장 23절

그 날에 여호와께서 말씀하신 이 산지를 지금 내게 주소서
당신도 그 날에 들으셨거니와 그 곳에는 아낙 사람이 있고
그 성읍들은 크고 견고할지라도 여호와께서
나와 함께 하시면 내가 여호와께서 말씀하신 대로
그들을 쫓아내리이다 하니 _〈여호수아〉 14장 12절

My Prayers

My Thanks

그 날에 여호와께서 말씀하신 이 산지를 지금 내게 주소서
당신도 그 날에 들으셨거니와 그 곳에는 아낙 사람이 있고
그 성읍들은 크고 견고할지라도 여호와께서
나와 함께 하시면 내가 여호와께서 말씀하신 대로
그들을 쫓아내리이다 하니 _〈여호수아〉 14장 12절

사람아 주께서 선한 것이 무엇임을 네게 보이셨나니
여호와께서 네게 구하시는 것은 오직 정의를 행하며
인자를 사랑하며 겸손하게 네 하나님과
함께 행하는 것이 아니냐
_〈미가〉6장 8절

My Prayers

My Thanks

사람아 주께서 선한 것이 무엇임을 네게 보이셨나니
여호와께서 네게 구하시는 것은 오직 정의를 행하며
인자를 사랑하며 겸손하게 네 하나님과
함께 행하는 것이 아니냐

Date

/   /

My Prayers

My Thanks

야곱아 너를 창조하신 여호와께서 지금 말씀하시느니라
이스라엘아 너를 지으신 이가 말씀하시느니라
너는 두려워하지 말라 내가 너를 구속하였고
내가 너를 지명하여 불렀나니 너는 내 것이라
_〈이사야〉43장 1절

My Prayers

My Thanks

야곱아 너를 창조하신 여호와께서 지금 말씀하시느니라
이스라엘아 너를 지으신 이가 말씀하시느니라
너는 두려워하지 말라 내가 너를 구속하였고
내가 너를 지명하여 불렀나니 너는 내 것이라

Date

/   /

My Prayers

My Thanks

내 형제들아 너희가 여러 가지 시험을 당하거든
온전히 기쁘게 여기라 이는 너희 믿음의 시련이
인내를 만들어 내는 줄 너희가 앎이라
_〈야고보서〉 1장 2, 3절

Date

/   /

My Prayers

My Thanks

그러므로 믿음은 들음에서 나며 들음은
그리스도의 말씀으로 말미암았느니라
_〈로마서〉 10장 17절

My Prayers

My Thanks

그러므로 믿음은 들음에서 나며 들음은
그리스도의 말씀으로 말미암았느니라
_〈로마서〉 10장 17절

내가 너희에게 분부한 모든 것을 가르쳐 지키게 하라
볼지어다 내가 세상 끝날까지 너희와 항상
함께 있으리라 하시니라
_〈마태복음〉 28장 20절

My Prayers

My Thanks

내가 너희에게 분부한 모든 것을 가르쳐 지키게 하라
볼지어다 내가 세상 끝날까지 너희와 항상
함께 있으리라 하시니라

My Prayers

My Thanks

Date

/   /

여호와의 율법은 완전하여 영혼을 소성시키며
여호와의 증거는 확실하여 우둔한 자를 지혜롭게 하며
여호와의 교훈은 정직하여 마음을 기쁘게 하고
여호와의 계명은 순결하여 눈을 밝게 하시도다
_〈시편〉19편 7, 8절

My Prayers

My Thanks

Date

/   /

항상 기뻐하라 쉬지 말고 기도하라 범사에 감사하라
이것이 그리스도 예수 안에서 너희를 향하신
하나님의 뜻이니라
_〈데살로니가전서〉5장 16-18절

My Prayers

My Thanks

항상 기뻐하라 쉬지 말고 기도하라 범사에 감사하라
이것이 그리스도 예수 안에서 너희를 향하신
하나님의 뜻이니라
_〈데살로니가전서〉5장 16-18절

Date

/   /

비록 무화과나무가 무성하지 못하며 포도나무에
열매가 없으며 감람나무에 소출이 없으며 밭에 먹을 것이
없으며 우리에 양이 없으며 외양간에 소가 없을지라도
나는 여호와로 말미암아 즐거워하며 나의 구원의
하나님으로 말미암아 기뻐하리로다 _〈하박국〉3장 17, 18절

My Prayers

My Thanks

비록 무화과나무가 무성하지 못하며 포도나무에
열매가 없으며 감람나무에 소출이 없으며 밭에 먹을 것이
없으며 우리에 양이 없으며 외양간에 소가 없을지라도
나는 여호와로 말미암아 즐거워하며 나의 구원의
하나님으로 말미암아 기뻐하리로다 _〈하박국〉3장 17, 18절

Date

/   /

너희도 성령 안에서 하나님이 거하실 처소가 되기 위하여
그리스도 예수 안에서 함께 지어져 가느니라
_〈에베소서〉 2장 22절

My Prayers

My Thanks

Date

/   /

나는 이제 너희를 위하여 받는 괴로움을 기뻐하고
그리스도의 남은 고난을 그의 몸된 교회를 위하여
내 육체에 채우노라
_〈골로새서〉 1장 24절

My Prayers

My Thanks

나는 이제 너희를 위하여 받는 괴로움을 기뻐하고
그리스도의 남은 고난을 그의 몸된 교회를 위하여
내 육체에 채우노라
_〈골로새서〉 1장 24절

내가 그리스도와 함께 십자가에 못 박혔나니 그런즉
이제는 내가 사는 것이 아니요 오직 내 안에 그리스도께서
사시는 것이라 이제 내가 육체 가운데 사는 것은
나를 사랑하사 나를 위하여 자기 자신을 버리신
하나님의 아들을 믿는 믿음 안에서 사는 것이라
_〈갈라디아서〉 2장 20절

My Prayers

My Thanks

Date

/   /

My Prayers

My Thanks

믿음의 주요 또 온전하게 하시는 이인
예수를 바라보자 그는 그 앞에 있는 기쁨을 위하여
십자가를 참으사 부끄러움을 개의치 아니하시더니
하나님 보좌 우편에 앉으셨느니라

전능하신 하나님이 네게 복을 주시어 네가 생육하고
번성하게 하여 네가 여러 족속을 이루게 하시고
_〈창세기〉 28장 3절

My Prayers

My Thanks

전능하신 하나님이 네게 복을 주시어 네가 생육하고
번성하게 하여 네가 여러 족속을 이루게 하시고
_〈창세기〉 28장 3절

두려워하지 말라 내가 너와 함께 함이라 놀라지 말라
나는 네 하나님이 됨이라 내가 너를 굳세게 하리라
참으로 너를 도와 주리라 참으로 나의 의로운
오른손으로 너를 붙들리라
_〈이사야〉41장 10절

My Prayers

My Thanks

두려워하지 말라 내가 너와 함께 함이라 놀라지 말라
나는 네 하나님이 됨이라 내가 너를 굳세게 하리라
참으로 너를 도와 주리라 참으로 나의 의로운
오른손으로 너를 붙들리라
_〈이사야〉41장 10절

너희 염려를 다 주께 맡기라 이는 그가 너희를 돌보심이라
_〈베드로전서〉5장 7절

My Prayers

My Thanks

Date

/   /

여호와는 선하시니 그의 인자하심이 영원하고
그의 성실하심이 대대에 이르리로다
_〈시편〉100편 5절

My Prayers

My Thanks

여호와는 선하시니 그의 인자하심이 영원하고
그의 성실하심이 대대에 이르리로다
_〈시편〉100편 5절

Date

/   /

My Prayers

My Thanks

여호와는 너를 지키시는 이시라 여호와께서
네 오른쪽에서 네 그늘이 되시나니
낮의 해가 너를 상하게 하지 아니하며
밤의 달도 너를 해치지 아니하리로다
〈시편〉 121편 5, 6절

Date

/   /

My Prayers

My Thanks

그러므로 하나님의 전신 갑주를 취하라
이는 악한 날에 너희가 능히 대적하고 모든 일을
행한 후에 서기 위함이라
_〈에베소서〉6장 13절

My Prayers

My Thanks

그러므로 하나님의 전신 갑주를 취하라
이는 악한 날에 너희가 능히 대적하고 모든 일을
행한 후에 서기 위함이라
〈에베소서〉6장 13절

My Prayers

My Thanks

예수께서 대답하여 이르시되 기록되었으되
사람이 떡으로만 살 것이 아니요 하나님의 입으로부터
나오는 모든 말씀으로 살 것이라 하였느니라 하시니
_〈마태복음〉4장 4절

Date

/   /

아버지께서 나를 사랑하신 것 같이
나도 너희를 사랑하였으니 나의 사랑 안에 거하라
_〈요한복음〉15장 9절

My Prayers

My Thanks

내 계명은 곧 내가 너희를 사랑한 것 같이
너희도 서로 사랑하라 하는 이것이니라
_〈요한복음〉15장 12절

My Prayers

My Thanks

내 계명은 곧 내가 너희를 사랑한 것 같이
너희도 서로 사랑하라 하는 이것이니라
_〈요한복음〉15장 12절

Date

/   /

누가 정죄하리요 죽으실 뿐 아니라 다시 살아나신 이는
그리스도 예수시니 그는 하나님 우편에 계신 자요
우리를 위하여 간구하시는 자시니라
_〈로마서〉8장 34절

My Prayers

My Thanks

누가 정죄하리요 죽으실 뿐 아니라 다시 살아나신 이는
그리스도 예수시니 그는 하나님 우편에 계신 자요
우리를 위하여 간구하시는 자시니라
_〈로마서〉8장 34절

Date

/   /

이것을 너희에게 이르는 것은 너희로
내 안에서 평안을 누리게 하려 함이라 세상에서는
너희가 환난을 당하나 담대하라 내가 세상을 이기었노라
〈요한복음〉16장 33절

My Prayers

My Thanks

수고하고 무거운 짐 진 자들아 다 내게로 오라
내가 너희를 쉬게 하리라
_〈마태복음〉11장 28절

My Prayers

My Thanks

수고하고 무거운 짐 진 자들아 다 내게로 오라
내가 너희를 쉬게 하리라
_〈마태복음〉11장 28절

이르시되 아버지여 만일 아버지의 뜻이거든
이 잔을 내게서 옮기시옵소서 그러나 내 원대로 마시옵고
아버지의 원대로 되기를 원하나이다 하시니
_〈누가복음〉 22장 42절

My Prayers

My Thanks

이르시되 아버지여 만일 아버지의 뜻이거든
이 잔을 내게서 옮기시옵소서 그러나 내 원대로 마시옵고
아버지의 원대로 되기를 원하나이다 하시니

예수께서 힘쓰고 애써 더욱 간절히 기도하시니
땀이 땅에 떨어지는 핏방울 같이 되더라
_〈누가복음〉22장 44절

My Prayers

My Thanks

심령이 가난한 자는 복이 있나니 천국이 그들의 것임이요
_〈마태복음〉 5장 3절

My Prayers

My Thanks

심령이 가난한 자는 복이 있나니 천국이 그들의 것임이요
_〈마태복음〉 5장 3절

Date

/   /

나는 빛으로 세상에 왔나니 무릇 나를 믿는 자로
어둠에 거하지 않게 하려 함이로라
_〈요한복음〉 12장 46절

My Prayers

My Thanks

나는 빛으로 세상에 왔나니 무릇 나를 믿는 자로
어둠에 거하지 않게 하려 함이로라
_〈요한복음〉 12장 46절

그는 우리의 화평이신지라 둘로 하나를 만드사
원수 된 것 곧 중간에 막힌 담을 자기 육체로 허시고
_〈에베소서〉2장 14절

My Prayers

My Thanks

Date

/   /

My Prayers

My Thanks

모든 것을 참으며 모든 것을 믿으며 모든 것을 바라며
모든 것을 견디느니라
_〈고린도전서〉13장 7절

My Prayers

My Thanks

모든 것을 참으며 모든 것을 믿으며 모든 것을 바라며
모든 것을 견디느니라
_〈고린도전서〉13장 7절

Date

/   /

오직 성령의 열매는 사랑과 희락과 화평과 오래 참음과
자비와 양선과 충성과 온유와 절제니 이같은 것을
금지할 법이 없느니라
_〈갈라디아서〉5장 22, 23절

My Prayers

My Thanks

나는 너희에게 이르노니 너희 원수를 사랑하며
너희를 박해하는 자를 위하여 기도하라
_〈마태복음〉5장 44절

My Prayers

My Thanks

나는 너희에게 이르노니 너희 원수를 사랑하며
너희를 박해하는 자를 위하여 기도하라
_〈마태복음〉5장 44절

Date

/   /

나의 사랑하는 자가 내게 말하여 이르기를 나의 사랑,
내 어여쁜 자야 일어나서 함께 가자
_〈아가〉 2장 10절

My Prayers

My Thanks

나의 사랑하는 자가 내게 말하여 이르기를 나의 사랑,
내 어여쁜 자야 일어나서 함께 가자
_〈아가〉 2장 10절

나의 계명을 지키는 자라야 나를 사랑하는 자니
나를 사랑하는 자는 내 아버지께 사랑을 받을 것이요
나도 그를 사랑하여 그에게 나를 나타내리라
_〈요한복음〉14장 21절

My Prayers

My Thanks

복 있는 사람들은 악인들의 꾀를 따르지 아니하며
죄인들의 길에 서지 아니하며 오만한 자들의 자리에
앉지 아니하고 오직 여호와의 율법을 즐거워하여
그의 율법을 주야로 묵상하는도다
_〈시편〉1편 1,2절

My Prayers

My Thanks

My Prayers Book

초판 1쇄 인쇄 2018년 3월 15일
초판 1쇄 발행 2018년 3월 20일

발행인 조상현
마케팅 김나연
편집인 김주연
디자인 Design IF
펴낸곳 더디퍼런스

* 마이북은 더디퍼런스의 지식실용 브랜드입니다.

등록번호 제2015-000237호
주소 서울시 마포구 마포대로 127, 304호
문의 02-712-7927
팩스 02-6974-1237
이메일 thedibooks@naver.com
홈페이지 www.thedifference.co.kr

ISBN 979-11-6125-084-7(애니멀)(02230)
　　　 979-11-6125-087-8(패턴)
　　　 979-11-6125-090-8(핸즈)